BEI GRIN MACHT SICH IHR
WISSEN BEZAHLT

AF168188

- Wir veröffentlichen Ihre Hausarbeit,
  Bachelor- und Masterarbeit

- Ihr eigenes eBook und Buch -
  weltweit in allen wichtigen Shops

- Verdienen Sie an jedem Verkauf

Jetzt bei www.GRIN.com hochladen
und kostenlos publizieren

GRIN

Bibliografische Information der Deutschen Nationalbibliothek:

Die Deutsche Bibliothek verzeichnet diese Publikation in der Deutschen National-
bibliografie; detaillierte bibliografische Daten sind im Internet über http://dnb.d-
nb.de/ abrufbar.

Dieses Werk sowie alle darin enthaltenen einzelnen Beiträge und Abbildungen
sind urheberrechtlich geschützt. Jede Verwertung, die nicht ausdrücklich vom
Urheberrechtsschutz zugelassen ist, bedarf der vorherigen Zustimmung des Verla-
ges. Das gilt insbesondere für Vervielfältigungen, Bearbeitungen, Übersetzungen,
Mikroverfilmungen, Auswertungen durch Datenbanken und für die Einspeicherung
und Verarbeitung in elektronische Systeme. Alle Rechte, auch die des auszugsweisen
Nachdrucks, der fotomechanischen Wiedergabe (einschließlich Mikrokopie) sowie
der Auswertung durch Datenbanken oder ähnliche Einrichtungen, vorbehalten.

Impressum:

Copyright © 2017 GRIN Verlag
Druck und Bindung: Books on Demand GmbH, Norderstedt Germany
ISBN: 9783346239594

Dieses Buch bei GRIN:

https://www.grin.com/document/593491

Michael Lindner

Programmplanung und Marketing im Bereich Erwachsenenbildung

GRIN Verlag

GRIN - Your knowledge has value

Der GRIN Verlag publiziert seit 1998 wissenschaftliche Arbeiten von Studenten, Hochschullehrern und anderen Akademikern als eBook und gedrucktes Buch. Die Verlagswebsite www.grin.com ist die ideale Plattform zur Veröffentlichung von Hausarbeiten, Abschlussarbeiten, wissenschaftlichen Aufsätzen, Dissertationen und Fachbüchern.

Besuchen Sie uns im Internet:

http://www.grin.com/

http://www.facebook.com/grincom

http://www.twitter.com/grin_com

Technische Universität
Kaiserslautern

Distance And Independent Studies Center (DISC)

Fernstudium „Erwachsenenbildung"

Einsendeaufgaben zum Modul EB 1000
„Programmplanung und Marketing"

EB 1010:   Weiterbildung und soziale Milieus: Grundlagen für Programmplanung und Bildungsmarketing

EB 1020:   Weiterbildungsmarketing

Inhaltsverzeichnis

Einsendeaufgabe 1

In dieser Aufgabe sollen die Anfänge der Adressatenforschung und deren zentrale Leitstudien beschrieben werden. Des Weiteren soll untersucht werden, wie und wo die „Entdeckung des Adressaten" zu verorten ist.

Lösung

Neben der Lehr-/Lernforschung, der Kursforschung, der Institutionen- und Organisationsforschung sowie der Professionsforschung ist die Teilnehmer-, Zielgruppen- und Adressatenforschung ein wichtiger Teilbereich der Erwachsenen- und Weiterbildungsforschung. Sie (die Teilnehmer-, Zielgruppen- und Adressatenforschung) setzt sich im Besonderen mit Fragen auseinander, was Menschen dazu bewegt, sich weiterzubilden, welche Ziele sie damit verfolgen und welche Faktoren auch zu einer Nicht-Teilnahme führen können. Als Adressaten werden dabei diejenigen Personen bezeichnet, die Erwachsenenbildung erreichen soll.[1]

Die Adressatenforschung versucht, „verallgemeinerbare Aussagen über Bildungsverhalten und Bildungsinteressen verschiedener gesellschaftlicher Teilgruppen zu gewinnen. Die Adressatenforschung nimmt dabei sowohl die Perspektive des Individuums (Motive, Einstellungen, Barrieren, Bedarfe, Verhaltensweisen…) als auch die Sichtweise gesellschaftlicher Gruppierungen in den Blick. Dabei werden sowohl aktive Teilnehmende der Erwachsenenbildung als auch potenzielle (Noch-Nicht-)Teilnehmende analysiert und entsprechend differenziert. Aus einer eher institutionenbezogenen Sichtweise liefern die Erkenntnisse zu aktuellen und potenziellen Teilnehmenden wichtige Daten zur nachfrageorientierten Planung von Weiterbildungsangeboten. Adressat/-innen sind also diejenigen Personen, an die Angebote der Erwachsenenbildung gerichtet werden."[2]
„Das Modell sozialer Milieus stellt ein sehr hilfreiches Instrument der Adressatenforschung dar, das Interessen, Bedürfnisse, Ansprüche, Einstellungen sowie konkretes Weiterbildungsverhalten in unterschiedlichen Bevölkerungs- und Personengruppen sehr differenziert beschreiben kann."[3]

---

[1] vgl. Reich-Claassen, J., „Weiterbildung und soziale Milieus: Grundlagen für Programmplanung und Bildungsmarketing", Seite 7.
[2] ebd., Seite 8 f.
[3] ebd., Seite 4 f.

„Die Thematisierung des lebenslangen Lernens und insbesondere der Teilnehmer- und Adressatenforschung kann auf eine bis ins 19. Jahrhundert zurückreichende Tradition zurückgeführt werden [...]. Schon im Jahr 1895 wurden in Wien erste Datensammlungen zu Hörerzahlen, Veranstaltungsthemen, Alter und Geschlecht und ab 1898 auch zum sozialen Hintergrund der Hörerschaft systematisch angelegt (Strzelewicz 1979). Ludo Moritz Hartmann, Mitinitiator der Wiener Universitätsausdehnungsbewegung, versuchte auf diese Weise Hörerinteressen und Teilnahmemotive zu erschließen, an denen er sein Bildungsangebot orientieren wollte. Er setzte sich damit in Widerspruch zur Mehrheit seiner Mitstreiter in der österreichischen Volksbildungsbewegung, insofern diese ihre Bildungsaufgabe vorrangig darin sahen, in den objektiven Kosmos der Wissenschaften einzuführen. Hartmanns frühes Interesse am Teilnehmer markiert die ‚Entdeckung des Adressaten' und fällt zusammen mit dem Beginn der Teilnehmerorientierung in der Erwachsenenbildung."[4]

Basierend auf quantitativen (Teilnehmerbefragungen, Leihstatistiken der Bibliotheken, Hörerstatistiken) und qualitativen Untersuchungen vor dem 2. Weltkrieg, hat die Adressatenforschung insbesondere in Deutschland ihre Anfänge erst in den frühen 1920er Jahren. Nach dem 2. Weltkrieg (in den 1950er Jahren) bestimmten neue Schwerpunkte die Wiederaufnahme der Adressatenforschung. „Zentrales Thema war nun die Frage nach Gleichheit und Ungleichheit sowohl im Bildungssystem im Allgemeine [sic!] als auch in der Erwachsenenbildung im Speziellen. Die damaligen Untersuchungen fokussierten sich stark auf die Analyse des Zusammenhangs zwischen sozialer Lage und Bildungsverhalten einerseits sowie der Erhebung von subjektiven Einstellungen und Interessenslagen in Bezug auf Weiterbildung andererseits."[5]

Die Teilnehmer- und Adressatenforschung ist durch die mit den Städtenamen Hildesheim (Schulenberg 1957), Göttingen (Strzelewicz/Raapke/Schulenberg 1966) und Oldenburg (Schulenberg u.a. 1979) verbundenen Leitstudien zum festen Bestandteil der Erwachsenenbildungsforschung geworden.

Als eine auf Gruppendiskussion basierende Leitstudie gilt die Hildesheim-Studie. Sie beschäftigte sich mit der Einstellung und der Bildungsfähigkeit Erwachsener

---

[4] Barz, H. & Tippelt, R., „Bildung und soziales Milieu: Determinanten des lebenslangen Lernens in einer Metropole", Seite 5 [online].
[5] ebd., Seite 9 f.

bzgl. der Erwachsenenbildung. Die Ergebnisse der Hildesheim-Studie haben bis heute Gültigkeit und zeigten ein großes Missverhältnis zwischen der Wertschätzung, die die Probanden der Weiterbildung entgegen brachten, und der tatsächlichen Teilnahme an Weiterbildungsmaßnahmen und -veranstaltungen. Dieses Missverhältnis wird als ‚Weiterbildungsschere' oder ‚Kluft zwischen Wissen und Handeln' bezeichnet und zeigt sich auch heute noch in aktuellen Repräsentativumfragen.[6]

Als weitere Leitstudie der Adressatenforschung wird die Göttinger Studie bezeichnet. Untersuchungsgegenstand dieser Studie war das Bildungsinteresse aller Bevölkerungsschichten, die sich erstmals mit diesem Thema auseinander setzte. Auf Grundlage eines einfachen vierstufigen Schichtmodells der Gesellschaft wurden die Begriffe Bildungsverhalten, Bildungsinteressen, der Bildungsbegriff an sich und grundlegende Einstellungen zum Thema Bildung und Weiterbildung definiert, beschrieben und differenziert. Ziel der Göttinger Studie war es im Besonderen, Weiterbildungsinteressen und Weiterbildungsmotive zu erfassen und eine Vorstellung davon zu erlangen, was Bildung und einen gebildeten Menschen ausmacht. Eine der wichtigsten Erkenntnisse der Studie war (und diese Erkenntnis hat bis heute Gültigkeit), dass Menschen, die bereits über einen hohen schulischen und beruflichen Bildungsabschluss verfügen, signifikant häufiger an Bildungsmaßnahmen teilnehmen, als Personen, die vergleichsweise niedrige Abschlüsse vorweisen können. Diese erhöhte Wahrscheinlichkeit wird ‚Matthäusprinzip' genannt. Auch in sehr aktuellen Studien zeigt sich die jeweilige Schulbildung als starker Indikator für die Weiterbildungsbeteiligung.[7]

Eine weitere relevante Studie, die im Prinzip an die Göttinger Studie anknüpfte, ist die sogenannte Oldenburg-Studie. „Mit einer repräsentativen Meinungsumfrage […] [wurde versucht, ML] Verhalten, Erwartungen und Einstellungen der Bevölkerung in Bezug auf verschiedene Weiterbildungsangebote zu erfassen und in ihrer Abhängigkeit von soziodemografischen Faktoren (z.B. Alter, Geschlecht, Schulbildung etc.) zu beschreiben. Ein zentrales Ergebnis dieser Studie sei an dieser Stelle festgehalten: Die bereits oben beschriebene ‚Weiterbildungsschere', die Diskrepanz zwischen Wertschätzung von Weiterbildung und tatsächlichem Weiterbildungsverhalten, hatte sich weiter verstärkt und klaffte bei

---

[6] vgl. ebd., Seite 10.
[7] vgl. ebd., Seite 10.

‚ungünstigen' sozialen Faktoren (niedriger Schulabschluss, niedriger beruflicher Status, höheres Lebensalter etc.) noch weiter auseinander. Man spricht hier auch von einer Kumulation von Bildungsbenachteiligung im Lebenslauf, die auch z.B. in der aktuellen Erhebung des Adult Education Survey nachgewiesen werden kann. Starke gruppenspezifische Differenzierungen der Weiterbildungsbeteiligung konnten auch im Hinblick auf die Faktoren Alter (je jünger, desto häufiger die Teilnahme an Weiterbildung), Geschlecht (Männer partizipierten deutlich stärker an Weiterbildungsveranstaltungen) und Region (die urbane Umgebung erwies sich hier als vorteilhaft) nachgezeichnet werden."[8]

In der Zeit nach den hier „skizzierten Leitstudien der Erwachsenenbildung (Hildesheimer-, Göttinger- und Oldenburger Studie) hat sich das Spektrum der Teilnehmer- und Adressatenforschung in vier Richtungen ausdifferenziert: Zu unterscheiden sind hier die qualitative Teilnehmer- und Kursforschung, die soziodemografische Adressaten- und Teilnehmerforschung (z.B. der Adult Education Survey oder div. Trägerstatistiken), die Biografieforschung sowie Studien, denen das Modell sozialer Milieus zugrunde liegt."[9]

---

[8] ebd., Seite 11.
[9] ebd., Seite 12.

Einsendeaufgabe 2

In der folgenden Aufgabe soll begründet werden, welchen „Mehrwert" die Milieu-forschung gegenüber dem „Monitoring" des Teilnahmeverhaltens hat. In diesem Vergleich soll nach klassischen soziodemografischen Merkmalen differenziert werden.

Lösung

Bevor die Milieuforschung und das Monitoring des Teilnehmerverhaltens vergli-chen werden, sollen beide Modelle zunächst definiert werden. Der Begriff *Milieu* stammt aus der Soziologie und gruppiert Menschen, die sich in ihren Lebenssti-len und in ihren Wertorientierungen ähneln. Zu den Grundbausteinen eines Mili-eus werden u.a. Kleidungsstile, Wohnungseinrichtungen, Musikgeschmack, Um-gang mit Medien, Freizeitaktivitäten, bevorzugte Automarken, aber auch Grund-einstellungen zu Familie, Beruf, Politik oder Lebenszielen betrachtet. Milieus sind außerdem durch eine ähnliche soziale Lage gekennzeichnet: Angehörige eines Milieus verfügen z.B. meist über ein vergleichbares Einkommen und einen ver-gleichbaren Bildungshintergrund.

Die Milieuforschung und damit auch die Milieumodelle „[...] beziehen sich auf kulturelle, ökonomische und soziale Lebensbedingungen, die einer Gruppe von Menschen gemeinsam sind. Diese Lebensbedingungen werden subjektiv wahr-genommen, bewertet und prägen so letztendlich das individuelle Verhalten und Denken. Eingeführt von Hyppolite Taine (1828-1893) in die sozialwissenschaftli-che Analyse bezeichnet ein ‚Milieu' (frz.: Umgebung, Mitte) zunächst einmal die Umwelt von Personen, Gruppen, Bevölkerungsteilen oder Gesellschaften. Dabei dominiert eine strukturtheoretische Sichtweise, nach der Milieus gleichzusetzen sind mit objektiv erfassbaren, strukturellen Vorgaben und Umständen des Den-kens und Handelns. Neben dieser früheren ‚äußeren' Dimension sozialer Milieus wird in der späteren Lebensstil- und Ungleichheitsforschung auch eine zweite, ‚innere' Dimension sozialer Milieus diskutiert. Soziale Milieus zeichnen sich ‚in-nerlich' durch ihr kollektives Hintergrundwissen und ihre spezifische Lebenswelt bzw. ihr gemeinsames Alltagsbewusstsein aus."[10] Zusammenfassend sind Mili-eus also die „Gesamtheit von natürlichen, sozialen (sozio-ökonomischen,

---

[10] Reich-Claassen, J., „Weiterbildung und soziale Milieus: Grundlagen für Programmplanung und Bil-dungsmarketing", Seite 15.

politisch-administrativen und sozio-kulturellen) sowie geistigen Umweltkomponenten, die auf eine konkrete Gruppe von Menschen einwirkt und deren Denken und Handeln prägt."[11]

Im Gegensatz dazu handelt es sich beim Monitoring eher um Statistiken und Erhebungen. Als ‚Monitoring' wird die systematische Beobachtung und Erfassung der verschiedenen Dimensionen eines Bildungssystems (Input, Prozess, Output) mittels objektiver Beobachtungs- und Erfassungsinstrumente bezeichnet. Der Begriff ‚Monitoring' wird meist mit Beobachtungsprozessen auf der Makroebene, d.h. auf der Systemebene assoziiert, auch wenn das Verfahren auch auf der Ebene der Organisation und deren unmittelbarem Umfeld (bspw. Trägerstatistiken, Programmanalysen), aber auch auf der Ebene der Individuen (bspw. Teilnehmerbefragungen, Kompetenzerfassungsinstrumente) verwendet werden kann.

Genannt werden können hier „[...] zum Beispiel die Statistiken der einzelnen Bildungsträger oder Bildungseinrichtungen (‚Anbieterstatistiken'), die Prüfungsstatistiken der Kammern sowie die Förderungsstatistiken der Bundesanstalt für Arbeit. Interessanter für einen allgemeinen Überblick über die Nachfrageseite des Weiterbildungsmarktes sind aber die Erkenntnisse aus bundesweiten Personen- und Individualbefragungen, teilweise auch aus Betriebs- und Unternehmensbefragungen. Im Gegensatz zu den Anbieterstatistiken können Individual- und Personenbefragungen eine so genannte ‚Weiterbildungsquote' ermitteln und diese in der Regel auch gruppenspezifisch differenzieren.

Im europäischen Vergleich gewinnt das regelmäßige Monitoring des Weiterbildungsverhaltens grundsätzlich mehr und mehr an Bedeutung und durch die europaweite Erhebung *Adult Education Survey* kann umfangreiches Datenmaterial zur Entwicklung von Teilnehmerquoten im Zeitverlauf und differenziert nach durch soziodemografischen Faktoren bestimmten gesellschaftlichen Teilgruppen geliefert werden.[12] Allerdings sind diese soziodemografischen Faktoren, wie sie vor allem in den 1960er Jahren entwickelt wurden, im Besonderen durch

---

[11] Hradil, S., „Zwischen Bewusstsein und Sein. Die Vermittlung ‚objektiver Lebensbedingungen' und ‚subjektiver Lebensweisen'", Seite 21.
[12] vgl. Reich-Claassen, J., „Weiterbildung und soziale Milieus: Grundlagen für Programmplanung und Bildungsmarketing", Seite 13.

Tendenzen der Differenzierung, Pluralisierung und Individualisierung in Frage zu stellen. Durch diese Entwicklungen und die Auffächerung der Lebenslagen und Lebensstilen, entsteht ein Spektrum von verschiedenen Weiterbildungsinteressen, -bedürfnissen und -einstellungen.[13]

„Die Beschreibung vornehmlich auf der Basis soziodemografischer Merkmale, wie sie die sozialstatistische Adressatenforschung vornimmt, bildet zwar im Sinne eines ‚Weiterbildungsmonitorings‘ wichtige Trends vor allem im Hinblick auf die Nachfrageseite des Weiterbildungsmarktes ab, vermag aber nur wenig erklärende Anhaltspunkte für das tatsächliche Zustandekommen (oder Nicht-Zustandekommen) einer Weiterbildungsteilnahme liefern. [...] Die Analyse des Weiterbildungsmarktes bleibt hier allerdings auf der Ebene der ‚objektiven‘, sichtbaren Fakten über den Adressaten stehen; die immer wichtiger werdenden subjektiven Faktoren der Weiterbildungsmotivation, der spezifischen Voraussetzungen und Bedingungen des Lernens, der potentiellen Weiterbildungsbarrieren sowie der Einbettung von Weiterbildungsaktivitäten in Selbstverständnis und Lebensstil der Teilnehmer werden hier vernachlässigt. Allerdings - so mag [sic!] die in der Erwachsenenbildung Tätigen einwenden - liegt doch eine Vielzahl von biografieorientierten Studien vor, die Ergebnisse zur individuellen Weiterbildungsgeschichte, zu den individuellen Teilnahme- oder Nichtteilnahmegründen von Teilnehmer/-innen bereitstellen (z.B. Herzberg 2004; Kade/Seitter 1998). Die Bedeutung dieser Studien mit ihren detaillierten Ergebnissen ist wohl unstrittig; allerdings bleiben die Ergebnisse aufgrund der Methode der Biografieforschung stark einzelfallbezogen und können nur schwer auf den gesamten Weiterbildungsmarkt übertragen werden."[14]

Genau hier spielt die Milieuforschung ihren Mehrwert aus. Denn die nach diesem Prinzip durchgeführten Studien liefern nicht nur ‚objektive‘ soziodemografische Informationen zu Weiterbildungsbeteiligung, Weiterbildungsinteresse und die Weiterbildungsmotivation (in der Art des oben genannten *Adult Education Survey*), sondern auch auf Basis sogenannter psychografischer und subjektiver Faktoren (Motive, Einstellung, Arbeits- und Freizeitverhalten). Das bedeutet, neben den traditionellen Kriterien der sozialen Lage (objektiv wahrnehmbare

---

[13] vgl. ebd., Seite 12.
[14] ebd., Seite 12 ff.

Lebenssituation = Bildungsabschluss, Einkommen, Berufsstatus) berücksichtigen sie zusätzlich auch individuelle Lebensstile, Lebensauffassungen und subjektive Wertvorstellungen (ästhetische Präferenzen, Neigungen). Über die Ergebnisse der normalen Monitoringanalysen hinaus, erhält man so eine weitaus differenziertere Basis zur Beschreibung und Analyse der gesellschaftlichen Gruppierungen.[15]

„Das Modell sozialer Milieus hat sich in den letzten Jahren als effektives und zeitgemäßes Instrumentarium der Weiterbildungsforschung erwiesen, mit dessen Hilfe Weiterbildungsinteressen, Weiterbildungsbedarfe und Weiterbildungseinstellungen sehr differenziert erhoben und beschrieben werden können. Die Erkenntnisse aus Studien im Kontext der Milieuforschung werden seit Jahren rege von der Weiterbildungspraxis rezipiert und praktisch umgesetzt."[16]

---

[15] vgl. ebd., Seite 14.
[16] ebd., Seite 14.

Einsendeaufgabe 3

Leistungsvariationen als Antwort auf Individualisierungsbedürfnisse

Welche Möglichkeiten und Grenzen ergeben sich aus der Individualisierung in der Weiterbildung? In dieser Aufgabe soll dies dargestellt und reflektiert werden. Ziehen Sie hierfür vor allem Kapitel 3 und 5 des Studienbriefes 1020 (*Weiterbildungsmarketing*) heran; aber auch in Kapitel 6 und 7 wird dieses Thema erwähnt.

Lösung

1. Individualisierung oder auch Individualität bedeutet die Freiheit zur Wahl, selbstbestimmt zu entscheiden, wie und wo man lebt oder welchen Beruf man ergreift. Individualisierung ist auch der Prozess, den Freiheitsraum und die Möglichkeiten für den Einzelnen auszuweiten. Auf sozialer Ebene bedeutet Individualisierung: Jeder kann heute sein Leben viel stärker nach seinen persönlichen Wünschen und Vorstellungen gestalten - ist aber umgekehrt auch sehr viel stärker als früher in der Pflicht, sich über die Art der Ausgestaltung Gedanken zu machen. Die Freiheit der Wahl bedingt den Zwang zur Entscheidung. Individualisierung ist nicht nur eine Frage des Einzelnen, als Megatrend prägt sie Gesellschaften bis in ihre tiefsten Wurzeln. Denn aufgrund der persönlich jeweils unterschiedlichen Definitionen und Ansprüche, was das eigene Leben darstellen und bringen soll, verändert die Individualisierung massiv das Bild eines gelungenen Lebens.[17] Der soziologischen Theorie folgend, nimmt also die Chance und der Zwang zur Ausbildung von Individualität und der individuellen Gestaltung von Lebensverhältnissen gesamtgesellschaftlich unaufhaltsam zu.[18] Und das wirkt sich in starkem Maße nicht nur auf das Privat- und das Berufsleben aus. Es hat auch Konsequenzen beispielsweise auf das Konsumverhalten und auch die Bildungsbedürfnisse. Im Bereich des Konsumverhaltens stellen Menschen sehr individuelle Ansprüche an die Produkte, die sie kaufen wollen. Demzufolge versuchen „Güterproduzenten [...] ihre Produkte im Baukastensystem so auszudifferenzieren, dass sie eine [...] individuellere Ausstattungswahl ermöglichen."[19] Auf dem Sektor der Bildungsdienstleistungen wird sich bezüglich der Individualisierbarkeit der Dienstleistung die Frage gestellt, wie weit die Leistung auf die individuellen Bedürfnisse des Kunden zugeschnitten werden kann. [20] Bildungsanbieter sehen

---

[17] vgl. Zukunftsinstitut GmbH, „Die Individualisierung der Welt".
[18] vgl. Schlutz, E., „Weiterbildungsmarketing", Seite VIII.
[19] ebd., Seite 40.
[20] vgl. ebd., Seite 40.

hier die Möglichkeit (auch aus betriebswirtschaftlichen Gesichtspunkten), auf diese Bedürfnisse und individuellen Lernvoraussetzungen der unterschiedlichen Nutzer und Nachfrager einzugehen.[21] Nach Meinung des Autors hängen die beiden Deutungen für den Begriff Individualität aus Studienbrief 1020 (Seite VIII) ursächlich so zusammen, dass Deutung (2) eine direkte Folge von Deutung (1) ist. Ohne die soziologische Theorie und den in ihr beschriebenen gesellschaftlichen Entwicklungen, wäre auch der Individualisierungstrend in der Bildung sehr viel weniger stark, vielleicht auch gar nicht ausgeprägt.

2. Bei Weiterbildungen, die von Weiterbildungsinstitutionen angeboten werden, handelt es sich um Dienstleistungen. Zum einen bringt der Begriff *Dienstleistung* den *Leistungs*willen des Anbieters zum Ausdruck, zum anderen aber auch die Grenzen seiner Möglichkeiten, nur einen *Dienst* zur Erfüllung der Bildungswünsche der Nachfrager leisten zu können. Dabei handelt es sich um eine personenbezogene Dienstleistung, bei der der eigentliche Produktionsprozess erst nach der Leistungszusage und unter Einbeziehung eines externen Faktors (dem Nutzer bzw. Nachfrager) stattfindet.[22] „Durch die Einbeziehung dieses ‚externen Faktors' finden Produktion und Konsum quasi gleichzeitig statt (sog. ‚Uno-Actu-Prinzip' der Dienstleistung). Dadurch bleibt die Leistung variabel und erhält ihre endgültige Form erst im Prozess mit den beteiligten Faktoren. Das bedeutet aber auch, dass gleichartige Dienstleistungen von Fall zu Fall [stark, ML] variieren und unterschiedlich gut zu standardisieren sind. Das eigentliche ‚Produkt' - wenn man denn überhaupt einen solchen Begriff im Rahmen der Dienstleistung benutzen will - ist das Ergebnis des Dienstleistungsprozesses, in der Weiterbildung: das immaterielle Lernergebnis."[23] Was ist nun konkret mit der Forderung nach Individualisierung von Bildungsdienstleistungen gemeint? „Mit dem Begriff der Individualität oder Individualisierbarkeit der Dienstleistung wird die Frage gestellt, wieweit die Leistung auf die individuellen Bedürfnisse des Kunden zugeschnitten werden kann."[24] Damit könnten beispielsweise Zeitmodelle, Lerninhalte, Lernziele, Lernprozesse, Zertifikate und sonstige Abschlüsse gemeint sein. „Die Forderung nach mehr Individualisierung im Dienstleistungsbereich und besonders in der Weiterbildung hat [...] etwas Ambivalentes, weil das Gegenteil von

---

[21] vgl. ebd., Seite VII.
[22] vgl. ebd., Seite 35 ff.
[23] ebd., Seite 37.
[24] ebd., Seite 40.

Individualisierung, die Standardisierung, auch ihre Vorteile hat. Standardisierung könnte gleichbleibende Qualität, Wiederholbarkeit, Kostenersparnis und gezielteren Personaleinsatz ermöglichen. Die Weiterbildungsdienstleistung ist [aber, ML] weder gänzlich zu standardisieren noch vollkommen zu individualisieren. Mehr Standardisierung setzt voraus, dass man Bedürfnisse und Verläufe innerhalb von Lernprozessen genauer voraussagen und eine geringe Schwankungsbreite zwischen gleichen Bildungsangeboten garantieren könnte; aber allein die Individualität des jeweils einbezogenen Kunden verhindert solche Standardisierung. Eine stärkere Individualisierung setzt dagegen voraus, dass jeder Nutzer seine eigene Bildungsdienstleistung erhält und weder in Gruppen noch mittels vorgefertigter Lernprogramme unterrichtet wird."[25] Und dies ist vor allem auch betriebswirtschaftlich-ökonomisch kaum umzusetzen.

3. „Prinzipiell ist schon im klassischen Design der Bildungsdienstleistung eine starke Variabilität angelegt, die unterschiedliche Leistungstiefe, -breite und -umfang sowie Zusatzleistungen zulässt und auf unterschiedliche Kundenbedarfe eingehen kann. Ermöglicht wird dies vor allem mithilfe der Gestaltungsaspekte Inhalt, Format und Methoden [...], mit denen allerdings im Rahmen der vereinbarten Ziele verfahren werden muss."[26] Aufgrund von differenzierteren Individualisierungswünschen auf der Kundenseite muss in dem Zusammenhang aber auch über alternative Formen der Seminar- und Kursangebote nachgedacht werden. Dieser Veränderungsdruck wird zum einen hervorgerufen durch Kritik der Betriebe gegenüber Weiterbildungsanbietern an zu viel Frontalunterricht, zu vielen Standardangeboten, zu wenig Bezug auf den Bedarf der Unternehmen und Teilnehmer und dem zu geringen Praxisbezug. Zum anderen werden aber auch mehr selbstständige Lernanteile gefordert. Auf Seiten der Teilnehmer selbst herrscht (im Gegensatz zu den Betrieben) weniger Unzufriedenheit mit Kurs- und Seminarformaten. Das könnte daran liegen, dass sie sich (innovative) Alternativen dazu (noch) nicht vorstellen können. Allerdings muss man in dem Zusammenhang aber auch an die Teilnehmer denken, die bislang solchen Angeboten fern geblieben sind. Möglichkeiten zur Individualisierung bestehender Seminar- und Kursformate sind aber durchaus bereits möglich. Zum Beispiel könnte diesem Wunsch durch eine individualisierte Beratung nachgekommen werden.

---

[25] ebd., Seite 40.
[26] ebd., Seite 142.

Beratung darf in diesem Kontext aber kein ‚Abfallprodukt' sein oder ausschließlich als Vertriebsinstrument eingesetzt werden. Sie muss vielmehr als eigenständige und abrechenbare Dienstleistung angeboten werden. Zur professionellen und individuellen Bildungsberatung wird sie dann, wenn sie spontan und ganz individuell auf Anfrage unterschieden werden kann in Lebenslauf-, Berufs-, Sozial-, Bildungs- und Lern-Beratung. Auch der Einsatz von neuen Lehr- und Lernmedien trägt dem Wunsch nach Individualisierung Rechnung. Mit ihnen können diesen Bedürfnissen hinsichtlich der Inhaltsauswahl, der zeitlichen und örtlichen Ungebundenheit und der individuellen Lernunterstützung mit zusätzlichem optionalen Tutoring Rechnung getragen werden. Es können mithilfe dieser Medien auch eLearning und andere Vermittlungsformen undogmatisch vermischt werden, wenn dieser Wunsch besteht. Auch alternative Lernorte (im Gegensatz zum Seminarraum) können den Wünschen nach Individualisierung entgegenkommen. Gemeint sind hier beispielsweise Landschaften, Museen, Industrieanlagen im Sinne eines Outdoor-Trainigs oder auch virtuelle Lernorte (virtuelles Klassenzimmer). Man kann diese Orte auch mit dem Begriff *Erlebnisorte* bezeichnen. Diese Erlebnisorte versuchen, das Lernen näher an die Adressaten, die Lerngegenstände oder an die Anwendungssituationen heranzubringen und damit Zugänge zum Lernen zu erleichtern sowie den Anregungs- oder den Anwendungsgehalt des Lernens zu verstärken. Auch der Lernort *Arbeitsplatz* soll in dem Zusammenhang erwähnt werden. Nicht nur aus Gründen der weiteren Individualisierung ist dieser Lernort von Interesse. Auch in Bezug auf die Praxisnähe spielt er eine sehr wichtige Rolle. Dort nämlich können Lernwillige bei der Ausführung neuer Tätigkeiten in Form von Coaching oder Supervision individuell begleitet werden.[27]

Die Kritik im Hinblick auf die geringe Flexibilität von Seminar- und Kursformaten ist also nur bedingt gerechtfertigt. Es existieren bereits Möglichkeiten zur größeren Individualisierung. Allerdings gibt es auch Teilnehmerwünsche, denen in der Form nicht völlig entgegengekommen werden kann. Dann nämlich, wenn es zum Beispiel um die zeitliche Platzierung von Weiterbildungen geht. Diesbezüglich ist schwierig „mit der Ungeduld und Kurzfristigkeit der Zeitplanung von Nachfragern umzugehen. Wünsche müssen sich sofort erfüllen, immer öfter steht auch objektiver Druck aus dem Arbeitsleben dahinter. Dafür könnten das eLearning oder auch Selbstlernzentren Entlastung bringen [...]. Ansonsten müssten natürlich

---

[27] vgl. ebd., Seite 143 ff.

auch Bildungsanbieter seriös mit den Wünschen ihrer Interessenten umgehen und diese darüber aufklären, dass man mit immer knapperen Zeitformaten nicht dasselbe erreichen kann (wenn man nicht eine zusätzliche Eigenleistung damit verbindet) oder dass es manchmal effizienter sein kann, eine Wartezeit im Hinblick auf eine passendere Maßnahme in Kauf zu nehmen."[28]

4. Beim ersten Beispiel geht es um eine Volkshochschule e.V., die durch die Reduktion von Landesmitteln, nachlassender Kundennachfrage und einer zunehmend kritischen Finanzlage der zugehörigen Stadt in eine prekäre Lage geraten ist. Im Nachhinein wurde dieser Volkshochschule klar, dass sie weder die Marktsituation ausblenden, noch ihr Programm an rückläufigen öffentlichen Mitteln weiter orientieren darf. Vielmehr muss das modifizierte Programm die zunehmende Kundendifferenzierung stärker berücksichtigen und unterstützen, und zugleich muss die Organisation den unterschiedlichen Kundengruppen und Anforderungen besser gerecht werden. Deshalb wurde der Verein in eine GmbH umgewandelt bzw. in fünf Geschäfts-Einheiten, die mittelfristig alle GmbHs und Profitcenter werden sollen. Es wurde also vor allem in einem ersten Schritt die Rechtsform geändert, um mit den entstandenen Geschäfts-Einheiten eine angestrebte stärkere Segmentierung durch Markt- und Produktspezialisierungen zu realisieren. Die Neuerung bestand in einem weiteren Schritt darin, unterschiedliche Zielgruppen besser, differenzierter und überzeugender ansprechen zu können als mit dem bisherigen Typ ‚Supermarkt'. Dadurch wurde diese Volkshochschule zu einem städtisch gemeinnützigen Dienstleistungsbetrieb für Bildung, Beratung, Qualifizierung und Kultur. Die Innovation bestand darin, neue Dienstleistungsformen anzubieten, die der Tendenz zur stärkeren Individualisierung entsprechen: Beratung, Sozialarbeit, Arbeitsvermittlung und Praktikumsbörse, Verbindung von Arbeitspraxis, Lernen in Arbeit in einem eigenen ‚Unternehmen', Konzeptentwicklung für andere Bildungsanbieter, intensive Beteiligung an Kooperationen und Innovationen in der Region (z.B. am ‚überbetrieblichen Verbund Frau und Beruf e.V.'). Die VHS richtet ihre gesamte Organisation also letztlich auf eine heterogene Kundschaft aus, indem sie den Gesamtmarkt so segmentiert, dass die Teilmärkte in sich homogener werden. Denen werden Geschäftsfelder

---

[28] ebd., Seite 167.

gegenübergestellt, die von selbstständigeren Tochtergesellschaften stärker auf die Bedarfe und Kulturen des jeweiligen Zielpublikums ausgerichtet werden können.[29]

Das zweite Beispiel handelt von dem Unternehmen WISE, das 1992 als Gesellschaft für EDV-Schulungen gegründet und nach 2000 in eine Aktiengesellschaft für Weiterbildung umgewandelt wurde. Schwerpunkt war anfangs die Qualifizierung in EDV-Anwendung durch eLearning-Lösungen. Im weiteren Verlauf der Unternehmensgeschichte hatte der Betrieb mit Auftragsrückgängen zu kämpfen und musste zeitweise auch Mitarbeiter entlassen. Durch die kritische Überprüfung des gesamten Unternehmens, wurden verschiedene innovative Neuausrichtungen konzipiert und umgesetzt. Zum einen baute die WISE AG durch Kooperationen und Beteiligungen mit und an anderen Unternehmen ihr Leistungsspektrum zu einem Full-Service-Angebot aus. Des Weiteren wurden die eigenen eLearning-Projekte trennscharf auf Rationalisierungsmöglichkeiten hin optimiert, wodurch der Herstellungsprozess standardisiert, professionalisiert und beschleunigt wurde. Dabei wurde sowohl die Produktivität erhöht, als auch die Kosten gesenkt. Diese verbesserte Herstellungstransparenz und die gezieltere Durchkalkulation der Prozesse erlauben es, den Kunden und seine Bedarfe in den Prozess einzubeziehen und dabei entstehende Mehrkosten oder mögliche Nachlässe genauer berechnen zu können. Indem die Standardisierung der Produktion Kundenbeteiligung erleichtert, ermöglicht sie eben auch Individualisierungsansätze. Eine individuellere Ansprache der Kunden wird zudem erreicht, indem die Bedarfsanalyse in Strategie-Workshops durchgeführt und die erforderlichen und zu produzierenden Inhalte in Koproduktion mit dem Kunden erstellt werden. Die neuen und innovativen Dienstleistungen der WISE AG werden in einem Leistungsmix angeboten, die die unterschiedlichen Motivationslagen von Mitarbeitergruppen berücksichtigt. Hierzu gehören u.a. Road-Shows, Schulung und Einsatz von sog. ‚Floorwalkern' (Beschäftigten, die als kollegiale Unterstützer besonders vorbereitet wurden), Seminare für Administratoren und weitere Spezialisten, individuelles Coaching von Führungskräften, Unterstützung der kundeninternen Hotline, Teilnehmeradministration und Versorgung mit Schulungsunterlagen. Es wurde auch ein ‚Jogging'-Instrument entwickelt, mit dessen Hilfe zwei Partner sich zum Lernen (wie zum Joggen) verabreden, Lösungen von

---

[29] vgl. ebd., Seite 180 ff.

Zwischenaufgaben austauschen und kommentieren. Auch dies sind Ansätze, standardisierte Kurs- und Seminarangebote zu ‚individualisieren'.[30]

Das dritte Beispiel beleuchtet den Aus- und Weiterbildungszentrum BOSQ e.V., der weder entschieden privatwirtschaftlich agiert (Vereinsstatus!) noch eine öffentliche Regelförderung erhält. Im Wesentlichen finanziert sich BOSQ aus öffentlichen Aufträgen (Arbeitsagentur, EU usw.), die aber jeweils im Wettbewerb gewonnen werden müssen, in zunehmendem Maße aber auch von Firmenkunden stammen. Hervorgegangen ist der Verein zunächst aus einem Unternehmen der alten DDR. Direkt nach der Wende erfolgte die Vereinsgründung. Von 1990 bis 1993 übernahm der BOSQ e.V. die Erstausbildung von Betrieben, die diese für ihre Lehrlinge aus unterschiedlichen Gründen nicht mehr leisten konnten. Ab 1993 kam es zum Aufbau der Benachteiligungsförderung, die durch das Arbeitsamt unterstützt wurde. Dies gipfelte aber in der völligen Abhängigkeit der Arbeitsamts-Politik, was den Einbruch von Projekten und die Entlassung von Mitarbeitern zur Folge hatte. Mitte der 90er Jahre wurden Umstrukturierungs- und Neuorientierungsüberlegungen angestellt. Es wurde sich wieder verstärkt aus den Ausbildungsbereich konzentriert und es kam zur Entwicklung eines Verbunds zur Lehrlingsausbildung, dem anfangs 17 Betriebe und 25 Lehrlinge angehörten. Inzwischen sind an dieser Bildungskooperation jährlich 150 und mehr Betriebe durch vertragliche Regelungen an gemeinsamer Projektarbeit beteiligt, 700 Betriebe werden mindestens alle zwei Jahre kontaktiert, etwa 600 weitere hat man noch im ‚Pool', mit denen man nach und nach eine engere Kundenbindung sucht. Neben einigen organisationalen Veränderungen hat man dies erreicht, indem ein hoher Fokus auf die Didaktik und die Methodik gesetzt wurde und die Ziele immer ausgerichtet sind auf die Arbeitsplatzbefähigung des Lernenden und die Modernisierungseffekte für das Unternehmen. Das Beraten und Begleiten stellt dabei die Grundform mikrodidaktische Dienstleistung dar.[31] Die Innovation aber auch die Individualisierungstendenz besteht u.a. im persönlichen Umgang mit jedem einzelnen Lernenden. Dies steht „auch für die Absicht der Einrichtung, eine Differenzierung und Individualisierung der beruflichen Bildung zu ermöglichen. Leistungen, die auf stärkere Individualisierung zielen, sind zum Beispiel Potenzialanalysen, bei denen mit unterschiedlichen Methoden, wie Gesprächsprotokollen,

---

[30] vgl. ebd., Seite 185 ff.
[31] vgl. ebd., Seite 192 ff.

schriftlicher Befragung, Tests, Kompetenz- und Assesment-Centern gearbeitet wird und die letztlich die besonderen Entwicklungs-Möglichkeiten und -Bedarfe von teilnehmenden Einzelnen (und Unternehmen) erschließen wollen. Die entsprechende Angebotsflexibilität kann so weit gehen, dass ein bestimmter Mitarbeiter nur noch eine Teilaufgabe aus der Einführung für einen neuen Maschinentyp absolvieren muss. Voraussetzungsunterschiede unter Lernenden werden, so vorhanden, durch den Einsatz elektronischer Lernprogramme ausgeglichen. Durch Binnendifferenzierung innerhalb des Arbeits- und Lernprozesses wird versucht, Menschen mit unterschiedlicher Erfahrung (z.b. Jugendliche und Erwachsene) und differierenden Zielsetzungen in einer Lerngruppe voranzubringen. Geschäftlich gesehen hat die Binnendifferenzierung den Vorteil, dass man auch Kleinstaufträge annehmen kann. Sie setzt aber wiederum die Zumutung eines selbstständigeren Lernens und einer differenzierten Lernbegleitung voraus."[32]

5. Von der ,Kostenkrankheit' wird gesprochen, wenn Weiterbildungskosten von der breiten Mehrheit nicht oder nicht mehr aufgebracht werden können. Denn Dienstleistungen sind in der Regel personenintensiv, was die Kosten in die Höhe treibt.[33] Von der Kostenkrankheit könnte wohl am ehesten das erste Beispiel (Volkshochschule) betroffen sein, weil sich diese Dienstleistung an die Zielgruppe der Privatpersonen richtet. Privatpersonen werden bei zu hohen Kosten schneller an Ihre finanziellen Grenzen stoßen als Unternehmen, die im zweiten (WISE AG) und dritten Beispiel (Aus- und Weiterbildungszentrum BOSQ e.V.) angesprochen werden. Dies vor allem dann, wenn die öffentliche Förderung stark reduziert ist oder ganz fehlt. „Im Hinblick auf die Entwicklung von Bildungsdienstleistungen [...] könnte das eine mögliche Rückverlagerung des Lernens aus dem kostenträchtigen Dienstleistungssektor in den informellen Sektor, d.h. in die Heimarbeit des autodidaktischen Lernens, bewirken. Wobei diese ergänzt werden könnte durch erschwingliche Standardprodukte, wie Lehrbücher, massenhaft produzierte computerunterstützte Lernprogramme oder Internetservice mit geringem Personalaufwand. Also Rationalisierung durch Selbstbedienung statt Dienstleistung!"[34]

---

[32] ebd., Seite 197 f.
[33] vgl. ebd., Seite 50.
[34] ebd., Seite 51.

Dagegen werden gewisse Preisaufschläge wohl am ehesten von Kunden des dritten Beispiels (Aus- und Weiterbildungszentrum BOSQ e.V.) akzeptiert. Die Bildungsdienstleistung des BOSQ e.V. stellt im Besonderen eine Entlastungsfunktion für diese Unternehmen dar, und zwar in Bereichen, denen sie selbst nicht oder nicht mehr nachkommen können (in der Aus- und Weiterbildung der eigenen Mitarbeiter). Die Betriebe sind auf gut ausgebildete Mitarbeiter im Sinne des Humankapitals angewiesen, die sie durch die Dienstleistung und die Unterstützung des BOSQ e.V. quasi ,geliefert' bekommen. Aber nicht nur die Arbeitsplatzbefähigung der Lernenden steht beim BOSQ e.V. im Vordergrund, auch die Modernisierungseffekte für das betreffende Unternehmen liegen in deren Fokus. Das Fehlen eines oder beider Aspekte, kann langfristig gesehen existenzbedrohende Auswirkungen haben. Deshalb sind Kosten bzw. Preise für die Bildungsnachfrager durchaus keine absoluten Größen, sondern relationale, die in ein Verhältnis gesetzt werden zur Dringlichkeit des Bildungsbedarfs (hier sehr hoch) und zur Wertschätzung des Bildungsgutes innerhalb konkurrierender Finanzierungswünsche (hier ebenfalls sehr hoch).

Einsendeaufgabe 4

Personalpolitik als übergreifende Marketingaufgabe

(Hinweis: Für diese Aufgabe sind insbesondere die Kapitel 2.3.3, 3.3/3.4, 4.1, 5.1, 7.1/7.3 des Studienbriefes 1020 (*Weiterbildungsmarketing*) relevant). Verfassen Sie eine knapp zusammenfassende Darstellung des Marketing-Arbeitsbereichs *Personalpolitik*.

Lösung

1. Der klassische Marketingbereich enthält vier Politikfelder, die (nach amerikanischem Vorbild) jeweils mit einem ‚P' gekennzeichnet sind und folgendermaßen zusammengefasst werden: Product (Produktpolitik), Promotion (Kommunikationspolitik), Place (Distributionspolitik) und Price (Preispolitik). Das Dienstleistungsmarketing, das auch das Bildungsmarketing umfasst, enthält zudem noch den für diesen Bereich unbestritten wichtigen Aspekt der Personalqualität. Aus den vier P's werden so fünf P's, also ergänzt um den Bereich People (Personalpolitik). Die Personalpolitik wird diesbezüglich auch als Querschnittsaufgabe bezeichnet. Der Aspekt der Personalpolitik, der in dem Zusammenhang für das Marketing besonders wichtig ist, ist die sogenannte Personalgewinnung (gemeint ist hier sowohl das verwaltende Personal als auch das externe Lehrpersonal, soweit es sich hier nicht um eigene Angestellte handelt). Dies deshalb, weil mit dem Begriff ‚Personalgewinnung' sowohl die Qualität der Personalauswahl als auch die Motivation des Personals für die Sache und die Kunden hervorgehoben wird. Im Gegensatz zu den vier anderen Politikfelder, die alle mehr oder weniger ‚nach außen' gerichtet sind und sich direkt auf Kunden- und Kaufentscheidungen auswirken (sollen), ist die Personalpolitik vielmehr internes Marketing. Sie und in dem Kontext also auch die Personalgewinnung wirken sich nicht unmittelbar auf diese externen Kundenentscheidungen aus, sondern vielmehr indirekt über die mögliche Steigerung der jeweiligen Leistungs- und Kommunikationsqualität. Die Mitarbeiterauswahl, deren Schulung und Motivation stehen dabei im Mittelpunkt der Personalgewinnung und dieses internen Marketings. Denn letztlich haben vor allem die Motivation und die Zufriedenheit der eigenen Mitarbeiter große Auswirkungen auf die Zufriedenheit der Kunden. Im Bereich des Bildungsmarketing bedeutet dies, dass im Lehr-Lern-Prozess im Besonderen durch persönlichere und

emotionalere Beziehungen zwischen Lernenden und Lehrenden intensivere Kundenbindungen entstehen können und werden.[35]

2. Nicht nur bei den Kunden von Weiterbildungsinstitutionen liegt eine mögliche Pluralität vor. Auch aufseiten der Institutionen bzw. Weiterbildungsanbietern ist diese zu finden. Dies ist insofern wichtig zu wissen, um die Personengruppen identifizieren zu können, die durch das interne Marketing angesprochen werden sollen. Dies sind zunächst insbesondere Leitungspersonen, das Kundenkontakt- und Servicepersonal sowie die Lehrkräfte, die für die Realisierung der Kerndienstleistung verantwortlich sind. Letztlich müssen aber alle Mitarbeiter einer Weiterbildungsinstitution in das interne Marketing einbezogen werden, da auch alle Mitarbeiter in der Summe von den (potenziellen) Kunden als kompetente Repräsentanten der Gesamteinrichtung wahrgenommen werden. Das interne Marketing ist nicht nur die Vorarbeit und Voraussetzung für das Funktionieren weiterer Marketingaufgaben (vor allem dem externen Marketing), sondern hat in dem Zusammenhang auch das Ziel, die Leistungsfähigkeit, die Motivation und Überzeugungskraft der Mitarbeiter zu stärken, sodass sie sowohl kundenorientiert denken als auch handeln können. Denn jeglicher (Außen)Kontakt mit Kunden durch die Weiterbildungsmitarbeiter (aller) ist auch Öffentlichkeitsarbeit und damit eine Form der Selbstpräsentation des eigenen Unternehmens, seiner Ziele und seiner Leistungsfähigkeit. Sind potenzielle Kunden schon zu Teilnehmern geworden, geht es in diesem Kontext besonders um die Kommunikation zwischen beiden Parteien, also dem dialogischen Aspekt des Marketings (informative und glaubwürdige Kommunikation). Aber auch das Verhältnis zwischen Lehrenden und Lernenden enthält in der Leistungserstellung (Lehr-Lern-Situationen) wichtige Marketingaspekte. Sind Kunden noch keine Teilnehmer, sollen es aber werden, funktioniert dies hauptsächlich über einen Vertrauensvorschuss seitens der Kunden, der am ehesten über ein vertrauenswürdiges Image erreicht werden kann. Erreicht wird ein solches Image durch vorzeigbare Ersatzqualitäten, wie ansprechende Räumlichkeiten oder freundliches, kompetentes und motiviertes Personal und alles andere, was die Leitziele des Unternehmens positiv verkörpert. Entlang einer Erfolgskette können die Ziele des internen Marketings zusammenfassend dargestellt werden: Durch das interne Marketing, das an alle Mitarbeiter gerichtet ist, werden die Zufriedenheit, die Loyalität und das Engagement

---

[35] vgl. Schlutz, E., „Weiterbildungsmarketing", Seite 30 ff.

21

des Personals gestärkt. Dadurch entsteht ein höherer Wert und Nutzen der angebotenen Dienstleistung für Teilnehmer und Auftraggeber. Dies erzeugt zufriedene, überzeugte und treue Kunden, durch die dauerhaft weitere Kunden gewonnen werden können, wodurch langfristig möglichst ein positives Image, ausreichende Gewinne und eine erfolgreiche Bildungstätigkeit erzielt werden kann. Instrumente zur Stärkung des institutionellen Selbstverständnisses aller Mitarbeiter sind beispielsweise Hausmitteilungen, die Intranet-Kommunikation, Bulletins, Jahres-Pressespiegel, Betriebsausflüge, Mitarbeitergespräche, Mitarbeiterbefragungen und die Beteiligung der Mitarbeiter an Unternehmensentscheidungen, die sie dadurch eher mittragen und kommunizieren können.[36]

3. Die Leistungs- und Qualitätspolitik legt fest, welche Produkte auf welchem Qualitätsniveau mit welchen Serviceleistungen angeboten werden. Da Personalpolitik auch Leistungs- und Qualitätspolitik ist, hat auch das Personal einer Weiterbildungsinstitution Einfluss auf die angebotene Qualität einer Unternehmung. Grundsätzlich kann eine solche Qualität u.a. durch ein Qualitätszertifikat belegt werden. Erwarten Weiterbildungsteilnehmende, wenn sie eine Weiterbildungseinrichtung besuchen, dass diese ein Qualitätszertifikat hat? Von vielen wird diese Frage bejaht, wenn auch nicht immer ausdrücklich. Ob diese Erwartung letztlich wirklich besteht, hängt Untersuchungen zufolge in hohem Maße davon ab, ob sich ein Teilnehmer mit dem Abschluss beruflich verbessern möchte. „Da die Dienstleistung [also der Weiterbildungskurs, ML] mit dem Teilnehmer zusammen erstellt wird bzw. Produktion und Aneignung gleichzeitig geschehen, stehen Produktion und Personal unter ständiger ‚Aufsicht' des Kunden. [...] Der Anbieter muss im Prozess die Qualität ständig beweisen, die der Kunde erwartet. Zum Qualitätsausweis gehört heute sicherlich ein Qualitätssiegel. Das Das [sic!] Siegel stellt aber keine Garantie für eine spätere Zufriedenheit des Teilnehmers dar oder einen sicheren Wettbewerbsvorteil gegenüber konkurrierenden Anbietern, sondern eher einen Mindestausweis für die Verlässlichkeit der Einrichtung. Teilnehmer finden es zwar wichtig, dass eine Weiterbildungseinrichtung eine Qualitätszertifizierung nachweisen kann, ungleich wichtiger ist ihnen aber, dass sie von Lehrkräften unterricht [sic!] werden mit Fach- und Vermittlungskompetenz. Das spricht noch einmal für die Bedeutung des Personals, das Qualität

---

[36] vgl. ebd., Seite 52 ff.

verkörpern muss: für seine sorgfältige Auswahl, seine Fortbildung und seine Integration in den Gesamtprozess."[37]

Von Mitarbeitern in den Kerndienstleistungen und dem Service einer Weiterbildungsinstitution, also den Lehrkräften und dem übrigen Kontaktpersonal, werden weiteren Untersuchungen zufolge insbesondere diese Qualitäten erwartet: Eine hohe Annehmlichkeit, eine besondere Leistungskompetenz, im Hinblick auf Wissen, Höflichkeit und Vertrauenswürdigkeit, eine schnelle Reaktionsfähigkeit, auf Nachfragen und Wünsche der Kunden, Einfühlungsvermögen als Fähigkeit und Bereitschaft, jedem Kunden die notwendige Aufmerksamkeit und Fürsorge zu schenken und nicht zuletzt eine signifikante Zuverlässigkeit, die versprochenen Leistungen auf dem gewünschten Niveau zu erreichen. Damit diese Eigenschaften nicht in Form von Show-Effekten ohne besondere Nachhaltigkeit umgesetzt werden, ist ein gutes internes Marketing mit langfristiger Personalentwicklung notwendig, um insgesamt ein ausgeprägtes Qualitätsbewusstsein bei allen Mitarbeitern eines Weiterbildungsunternehmens zu schaffen.[38]

4. Zur Lösung dieser Teilaufgabe soll auf das Beispiel der Volkshochschule GAHZ von Seite 179 ff. des Studienbriefes EB 1020 verwiesen werden. Dabei geht es um eine grundlegende Neuorganisation der gesamten Institution inklusive Rechtsformänderung und neuer Trägeranbindung und ebenso eine Aufteilung des Unternehmens in eine Unternehmensgruppe. Die entstehenden selbständigen Tochterunternehmen betreiben nach der Neuausrichtung je eigene Geschäftsfelder und sprechen demzufolge unterschiedliche Kundentypen an. Diese Reorganisation ist notwendig, um eine bessere Ausrichtung auf einem zunehmend heterogenen Markt zu gewährleisten.[39]

„Wie bei jeder grundlegenden Organisationsveränderung ist eine der wichtigsten Fragen, wie die Mitarbeitenden die Veränderungen mittragen und verarbeiten. Zumal in diesem Fall zur Überbrückung der aktuellen Notsituation [laut ausführlichem Beispiel, ML] ein betriebliches Bündnis für mehrere Jahre geschlossen werden musste: Verzicht der Mitarbeitenden auf Gehaltserhöhungen und auf Sonderzahlungen, dafür keine betriebsbedingte Kündigung; Beschleunigung der Umstrukturierung, Entwicklung eines Berufsbildes der ‚Weiterbildungskauffrau'

---

[37] ebd., Seite 61.
[38] vgl. ebd., Seite 125.
[39] vgl. ebd., Seite 179.

(Wirtschaftlichkeit, finanzielle Verlässlichkeit), Ablösung bisheriger Hierarchien durch Teamarbeit."[40]

Dieses ‚Mittragen durch die Belegschaft' ist in erster Linie auf eine gute (sprich mitarbeiterorientierte) Personalpolitik und ein intensives und offenes internes Marketing zurück zu führen. Eine vorbehaltlose Kommunikation unter Abwägung der Vor- und Nachteile und Darstellung der notwendigen Schritte hat dazu geführt, dass das Personal geschlossen die Auffassung vertritt, dass es zu den gewählten Lösungswegen keine Alternativen gegeben habe. Durch einfache Anordnung wäre diese Einstellung vermutlich nicht erreicht worden. Es kann jederzeit vorkommen, dass sich Unternehmen veränderten Marktbedingungen anpassen und grundlegend reorganisieren müssen, also einer (plötzlichen) Veränderungsdynamik unterworfen werden. Dies kann nur gelingen, wenn die Belegschaft eingebunden und beteiligt wird, ihre Anregungen, Befürchtungen und Sorgen ernst genommen werden und eine Zufriedenheit erzeugt wird, die dazu führt, dass Entscheidungen aus Überzeugung mitvertreten werden. Dies kann nur durch ein verantwortungsvolles Miteinander mit den Möglichkeiten des internen Marketings/der Personalpolitik vollzogen werden und zeigt deren besondere Bedeutung, vor allem in Zeiten des Wandels.

---

[40] ebd., Seite 182.

Literaturverzeichnis

Barz, H. & Tippelt, R., Bildung und soziales Milieu: Determinanten des lebenslangen Lernens in einer Metropole. In: Zeitschrift für Pädagogik 49 (2003) 3, S.
323-340. Online verfügbar unter http://www.pedocs.de/voll-
texte/2011/3881/pdf/ZfPaed_3_2003_
Barz_Tippelt_Bildung_und_soziales_Milieu_D_A.pdf *(abgerufen am
21.11.2017)*.

Hradil, S. (1992). Zwischen Bewusstsein und Sein. Die Vermittlung ‚objektiver
Lebensbedingungen' und ‚subjektiver Lebensweisen'. VS Verlag für Sozialwis-
senschaften. Opladen.

Reich-Claassen, J. (2015). Weiterbildung und soziale Milieus: Grundlagen für
Programmplanung und Bildungsmarketing. Studienbrief EB 1010 des Master-
Fernstudiengangs der TU Kaiserslautern. Unveröffentlichtes Manuskript. Kai-
serslautern.

Schlutz, E. (2014). Weiterbildungsmarketing. Studienbrief EB 1020 des Master-
Fernstudiengangs der TU Kaiserslautern. Unveröffentlichtes Manuskript. Kaiserslautern.

Zukunftsinstitut GmbH. o.V. (ohne Verfasser). Die Individualisierung der Welt.
Online verfügbar unter https://www.zukunftsinstitut.de/artikel/die-individualisie-
rung-der-welt/ (Stand: 2016) *(abgerufen am 08.12.2017)*.

BEI GRIN MACHT SICH IHR WISSEN BEZAHLT

- Wir veröffentlichen Ihre Hausarbeit,
  Bachelor- und Masterarbeit

- Ihr eigenes eBook und Buch -
  weltweit in allen wichtigen Shops

- Verdienen Sie an jedem Verkauf

Jetzt bei www.GRIN.com hochladen und kostenlos publizieren